Hexágonos

Teddy Borth

Abdo
¡FORMAS DIVERTIDAS!
Kids

abdopublishing.com

Published by Abdo Kids, a division of ABDO, PO Box 398166, Minneapolis, Minnesota 55439.
Copyright © 2017 by Abdo Consulting Group, Inc. International copyrights reserved in all countries.
No part of this book may be reproduced in any form without written permission from the publisher.

Printed in the United States of America, North Mankato, Minnesota.

102016

012017

 THIS BOOK CONTAINS
RECYCLED MATERIALS

Spanish Translator: Maria Puchol

Photo Credits: Getty Images, iStock, Shutterstock

Production Contributors: Teddy Borth, Jennie Forsberg, Grace Hansen

Design Contributors: Candice Keimig, Dorothy Toth

Publisher's Cataloging-in-Publication Data

Names: Borth, Teddy, author.

Title: Hexágonos / by Teddy Borth.

Other titles: Hexagons. Spanish

Description: Minneapolis, MN : Abdo Kids, 2017. | Series: ¡Formas divertidas! |
    Includes bibliographical references and index.

Identifiers: LCCN 2016947318 | ISBN 9781624026164 (lib. bdg.) |
    ISBN 9781624028403 (ebook)

Subjects: LCSH: Hexagons--Juvenile literature. | Geometry--Juvenile literature. |
    Shapes--Juvenile literature. | Spanish language materials--Juvenile literature.

Classification: DDC 516--dc23

LC record available at http://lccn.loc.gov/2016947318

Contenido

Hexágonos

Un hexágono tiene 6 lados.

También tiene 6 ángulos.

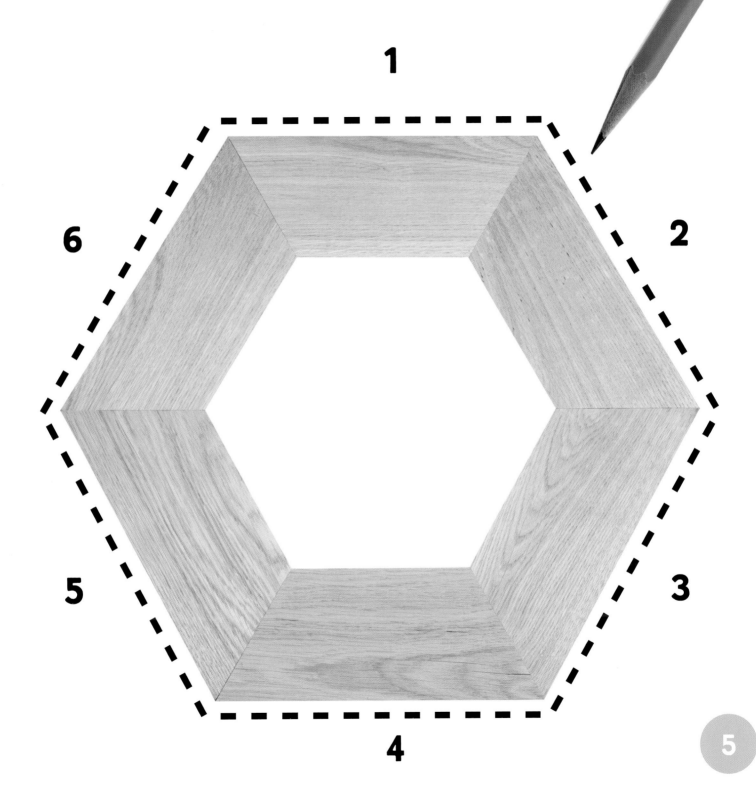

¡Hay hexágonos por todas partes!

Las abejas usan hexágonos.

Ahí guardan la miel.

Hay hexágonos en las pelotas de fútbol. Todd cuenta todos los blancos.

Vemos hexágonos en el suelo.

Pueden ser muy coloridos.

Hay hexágonos en las tortugas. Hacen que su caparazón sea fuerte.

Los lápices tienen forma de hexágono. ¡Así no se van rodando!

¡Las tuercas pueden ser muy grandes! Las puedes mover con la herramienta adecuada.

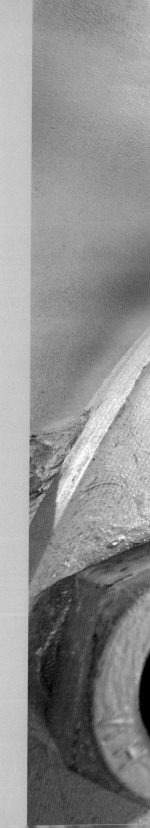

¡Mira a tu alrededor! Seguro que verás algún hexágono.

¡Cuenta los hexágonos!

Glosario

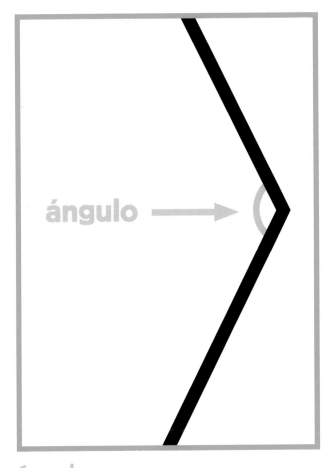

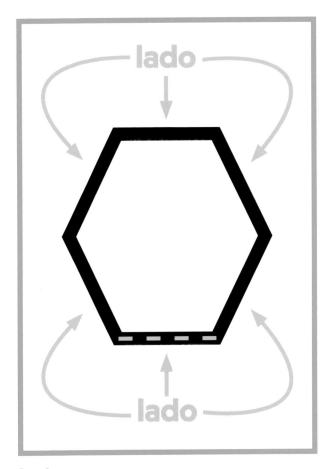

ángulo
espacio formado entre dos líneas
que se juntan en un punto.

lado
línea que forma el borde de
un objeto.

Índice

abdokids.com

¡Usa este código para entrar en abdokids.com y tener acceso a juegos, arte, videos y mucho más!

Código Abdo Kids:
SHK1439